Grischa Markus
FREIMANN

LÄNGER MIT MS ALS OHNE

Und trotzdem ein erfülltes Leben leben

novum pro

Dieses **Buch ist** auch als
e-book
erhältlich.

www.novumverlag.com

Bibliografische Information
der Deutschen Nationalbibliothek:

Die Deutsche Nationalbibliothek
verzeichnet diese Publikation in
der Deutschen Nationalbibliografie.
Detaillierte bibliografische Daten
sind im Internet über
http://www.d-nb.de abrufbar.

Gedruckt in der Europäischen Union
auf umweltfreundlichem, chlor- und
säurefrei gebleichtem Papier.

© 2024 novum Verlag

ISBN 978-3-99146-777-9
Lektorat: Daniela Ornest
Umschlagabbildung:
Fernando Gregory | Dreamstime.com
Umschlaggestaltung, Layout & Satz:
novum Verlag
Innenabbildungen: Stefan Matt,
Stiftung Humanismus heute,
Dr. Grischa Markus Freimann

Die vom Autor zur Verfügung ge-
stellten Abbildungen wurden in der
bestmöglichen Qualität gedruckt.

www.novumverlag.com

Druckprodukt mit finanziellem
Klimabeitrag
ClimatePartner.com/16547-2311-1001

Im Angedenken an meinen Vater, Dr. Hans Freimann,
der am Samstag, 24.6.2023 verstorben ist.

Inhaltsverzeichnis

Vorwort

Mehr als 70.000 Treffer erhält man bei Amazon auf der Suche nach dem Stichwort „MS". An sich schon eine überwältigende Zahl. Da gibt es Beschreibungen der „Krankheit der 1000 Gesichter", medizinische Werke und Lebensbeschreibungen, Tipps, Werke über verschiedene Behandlungsmethoden. Einige versprechen sogar „Heilung". Wie auch immer diese aussehen soll, medizinisch haltbar ist diese äußerst selten. Da gibt es genug Scharlatane, die, auch wenn man ihnen diese Krankheit ansieht, behaupten, „geheilt" zu sein. Mein Ansatz ist es, meinen Lebensweg zu beschreiben: Bei mir wurde MS 1993 diagnostiziert, mit den zwei damals noch nötigen Symptomen (Kernspintomographie und Liquorpunktion). Heutzutage reicht ja einer dieser Hinweise. Mittlerweile (Mai 2023) habe ich einen GdB von 90 mit den Merkzeichen G, aG und B, Pflegegrad 4 und einen EDSS 8,0 (auf der Kutzke-Skala: 0 bedeutet „keine Einschränkung, 10 „Tod durch MS"). Mit diesem Schriftchen möchte ich vor allem eines der 1000 Gesichter vorführen – Fortsetzung folgt. Dabei ist keine Rede von Freundschaften zu Mädchen; dabei hatte ich durchaus solche – bis weit in die Studienzeit hinein. Aber es waren eher kurzzeitige freundschaftliche Bekanntschaften, die dann abgeebbt sind, nie solche, die für die MS von Bedeutung waren. Deswegen habe ich sie hier weggelassen.

Kapitel 1:

Kindheit und Grundschule

Schon die Geburt war ungewöhnlich: „Er hat den Kopf gedreht" (so erzählt es meine Mutter) – eine sofortige Narkotisierung war die übliche Konsequenz. Dabei war schon vor der Geburt (ohne dass es irgendwie auffiel) die Fruchtblase geplatzt. Mutter und Ärzte schafften es: Ich wurde an jenem 10. Juli 1969 in der Freiburger Uniklinik geboren. Meine Eltern (und dann auch ich) wohnten im Freiburger Stadtteil Kappel (im Schulerdobel 2). In der Folge erhielt ich die damals üblichen Impfungen gegen Masern, Tetanus, Pocken, Keuchhusten und Diphterie; Mumps dagegen hatten sowohl ich wie meine gut drei Jahre jüngere Schwester. Als mögliche Ursache der MS werden immer wieder Erkrankungen in der Kindheit genannt. Nun: Ich hatte als Kleinkind eine virale Erkrankung. Ansonsten durchlief ich die vorgesehenen Untersuchungen bei meinem Kinderarzt. Natürlich gab es noch keine Hinweise auf meine spätere Erkrankung an MS. Das heutige Erinnerungsvermögen (zum Glück nur leicht durch die MS beeinträchtigt) lässt nur die Erinnerung an die (von Mutter und Vater liebevoll geprägte) Kindheit zu: Es war eine Zeit oftmals quälender Alpträume. Wie jener, in dem wir gemeinsam Einkaufen waren, dann waren plötzlich die Eltern weg, und dann ging auch noch das Licht aus. Oder der, in dem jemand einen Haufen Dreck nach mir warf, der dann auf meinem Kopf anwuchs. Sicher waren es noch eine ganze Menge mehr, aber 50 Jahre später sind sie (gnädigerweise) in Vergessenheit geraten.

Wie kommt denn Tante I. in dieses Gerät?

An die Einschulung (sicher mit großer Schultüte) und die ersten zwei Jahre Grundschule ist mir nur eines in vager Erinnerung geblieben: eine große Feuerwehrübung, bei der die Schule geräumt werden musste.

Als ich gerade 7 Jahre alt war, wurde mein Vater als Schulleiter an das Lörracher Hebel-Gymnasium berufen, ein Posten, den er dann die unglaubliche Zeit von 26 Jahren bekleiden sollte. Wir zogen also in die Nähe, in das als braunes Nest verrufene Steinen in ein Reihenmietshaus. Dieses war für uns Kinder später recht aufregend. Im Garten gab es einen, wenn auch sehr kleinen, echten Wald (in dem wir Geschwister oft „Roter Bergaffe" spielten, wobei ich keinerlei Ahnung mehr habe, wie das Spiel funktionierte); an der Seite des Hauses gab es eine Leiter.

mit der man, wenn man groß genug war, um die unterste Sprosse zu erreichen, auf das Dach gelangen konnte (soweit ich mich erinnere, war ich durchaus bangend einmal oben). Von einem Baum aus konnte man geradeaus den Nachbarn ins Schlafzimmer schauen (ich kletterte hoch und berichtete meiner Schwester alles, was ich sehen konnte, vermutlich der Nachbar hat den dafür nötigen Ast einfach abgesägt). Natürlich wollten meine Eltern gelegentlich eine Abendveranstaltung besuchen, da wurde für uns Kinder ein Kindermädchen bestellt. Meistens Edith, die wir sehr mochten. Einmal war es ein Kindermädchen, das ein T-Shirt mit der großen Aufschrift „22" trug. Seitdem hieß sie bei uns nur noch „die mit den doofen Zweiern". Sie drohte uns ständig „Ich schieb dir gleich eine", aber nichts geschah. In der Grundschule hatte ich zuerst eine echte Niete, wir waren der Freiburger Schule fast ein Jahr hinterher. Um das zu kompensieren, erhielten wir in der 3. und 4. Klasse mit Frau W. eine sehr kompetente, fordernde und fördernde Lehrerin. In der letzten Stunde bei ihr floss bei mir durchaus so manche Träne. Aber ich habe sie (mittlerweile ist sie verstorben) noch öfter getroffen. Gelernt haben wir viel bei ihr, wir begegneten ihr mit großem Respekt. Von meinen Klassenkameraden wurde ich oft geärgert und gehänselt, bis Pfarrer H. dies in der dritten Klasse bei der Vorbereitung der Erstkommunion bemerkte und es an meine Mutter weitergab. Wie es lief, weiß ich nicht mehr, aber es wurde erträglicher. Die Erstkommunion war ein großes Ereignis, vor Aufregung wurde ich natürlich krank. Meine Tante (8 Jahre ältere Schwester meines Vaters) und ihr Lebensgefährte Onkel J. kamen und wir Kinder hatten großen Spaß, als dieser, als der Pfarrer zum Mittagessen kam, schamvoll seine Bild-Zeitung unter seinem Sitzkissen versteckte. Ich hatte schon recht früh begonnen, Teile der Zeitung zu lesen (vor allem „Aus aller Welt" und die Fußball-Ergebnis-Seite (um den Wirtschaftsteil mache ich auch heute noch meistens einen großen Bogen)). Dabei war ich alles andere als ein großer Sportler (vgl. Kapitel 7 „Sport") und nicht selten musste ich zur Halbzeit eines Fußballspiels ins Bett gehen, aber wenigstens gab es diese Unart,

Spiele erst um 21 Uhr beginnen zu lassen, noch nicht. Außerdem begann ich Blockflöte zu lernen. Die Lehrerin, Frau F., konnte einem mit ihrem Furcht einflößenden Gebiss zwar regelrecht Angst einjagen und das Repertoire beschränkte sich auf Werke des Barock, aber das lernte ich recht gut. Auch dass meine Mutter mich zu den Stunden regelmäßig von Steinen nach Schopfheim fahren musste, war machbar. Nur dass sie jedes Stück „aus Prinzip" zweimal aufgab, wollte ich nicht verstehen. „Aus Prinzip" bestand sie auch darauf, dass meine Mutter dabei war. Ich verstand das – wohl nicht ganz zu Unrecht – als ein Mittel der Disziplinierung. Außerdem musste ich Übergaloschen über die Schuhe ziehen. Nötig war das alles nicht, aber auf diese Weise konnte sie sicher sein, dass ich auch regelmäßig übte. Zu meiner Motivation wurde ich als Zehnjähriger am Wettbewerb „Jugend musiziert" angemeldet. Im Regionalwettbewerb (damals erschien sogar ein Bild von mir in der Badischen Zeitung, ich war mächtig stolz) gewann ich prompt einen 1. Preis, beim Landeswettbewerb, der damals in Heilbronn stattfand, erhielt ich immerhin noch eine lobende Anerkennung. Danach war Frau F. wie ausgetauscht. Wohl eher an einer gewissen Altersschwerhörigkeit lag aber die Tatsache, dass sie viele Fehler gar nicht mehr kritisierte und sich mehr darauf konzentrierte, ob und wie meine Mutter reagierte. Auf ihren Einfluss hin begann ich auch Klavier zu lernen, und zwar bei jenem Herrn F., den sie vermittelte. Er war mir von Anfang an unsympathisch und seine finanziellen Vorstellungen für uns nicht auf Dauer tragbar. Schulisch erhielt ich (kein Wunder, in den Klausuren lagen meine Noten zwischen „sehr gut" und „gut") von Frau W. die Gymnasialempfehlung, womit die nähere Laufbahn klar war.

Kapitel 2:

Gymnasium

Für mich war sofort klar: Ich wollte an Papas Schule, das Hebel-Gymnasium. Das war damals altsprachlich, also mit der Sprachenfolge Latein, Englisch, Altgriechisch, oder neusprachlich I, bei dem Altgriechisch durch Französisch ersetzt war. Die Nachbarschule, das Hans-Thoma-Gymnasium, das wir in den ersten Jahren als Halb-Tags-Gefängnis (HTG) bezeichneten, war nie wirklich eine Option für mich gewesen. Damals waren wir 92 Sextaner, eingeteilt in die Klassen a (Kandertal), b (Lörrach) und c (Wiesental). Demzufolge kam ich in die 5c. Zuerst wurde Frau G. unsere Klassenlehrerin. Sie wollte nicht, dass wir die Bücher von Enid Blyton lasen, setzte aber auch keine kindgerechte Empfehlung dagegen. Also waren die 5 Freunde nach wie vor unsere Lieblingslektüre. Anstatt froh zu sein, dass wir überhaupt lasen ... Nun ja. Die a hatte schnell einen schlechten Ruf, die b einen guten, wir lagen irgendwo dazwischen. Wir waren zuerst 32 Schüler und hatten eine gute Lehrerbesetzung. Herr R., Frau N., Herr S. lehrten uns viel ohne riesige Hausaufgabenberge (damals machte ich die Hausaufgaben noch regelmäßig selber). Meine Noten waren meist sehr gut, was einzelne Mitschüler zu der absurden Vorstellung führte, ich kenne den Inhalt einer Arbeit, da mein Vater der Direktor war, schon vorher. Dabei war ich ein simpler Mitschüler ohne Vor- und Nachteile. Im Laufe der Zeit wurden solche Vermutungen seltener, bis sie auch schließlich ganz aufhörten, auch wenn ich Jahr für Jahr für meine Leistungen (bis auf Sport, vgl. Kapitel 7) einen Schulpreis (ein Buchpreis aus meinem derzeitigen Interessengebiet) bekam. In der Unterstufe waren wir mit Frau G. zweimal im Landschulheim in Urberg, eine schöne Abwechslung vom normalen Unterricht. Beim ersten Besuch war

Herr H. (der Vater eines Mitschülers), beim zweiten Aufenthalt Herr B. (unser Biologielehrer) als männliche Begleitung dabei. Wie das heute im Zeitalter sexueller Diversität noch gehen soll, ist mir ein Rätsel.

Unaufgeregt gingen die Jahre dahin, die Lehrer wechselten, praktisch jährlich blieben einzelne Klassenkameraden auf der Strecke (die meisten tauchten im folgenden Abitursjahrgang wieder auf). Am Schluss der (damals noch 9) Jahre blieben noch 64 (aus allen drei Klassen) übrig. Mehr und mehr erhielten die Lehrer zunehmend auch Spitznamen wie das Kind, Professore Plastico, Rote Socke, Spiegel-Werner, Schlaftablette, Gammel-Peter, Turbo-Agathe, Kappes usw, Das Schulleben nahm seinen Gang. Nach Frau G. bekamen wir in Klasse 8 Herrn S. in Latein und als Klassenlehrer. Auch mit ihm waren wir in der 10. Klasse im Landschulheim, diesmal in Konstanz in der Jugendherberge (die wir prompt als „Tower von Konstanz" titulierten). Natürlich waren die Pfahlbauten in Unter-Uhldingen gerade wieder einmal abgebrannt. Schade! Aber ich habe sie später noch einmal erlebt. In dieser Zeit achtete Herr S. besonders auf mich, da ich kurz zuvor eine Hodentorsion gehabt hatte, die aber, wie man uns im Krankenhaus sagte, im Abklingen war (ich glaube aber nicht an einen Zusammenhang mit der späteren MS). Zugleich mit uns war eine bayerische Klasse da, über die wir uns wegen ihres starken Dialektes lustig machten. So wurden die Namen Otto, Hutterer sowie in Erweiterung Fischkutterer bei uns heimisch. Zusätzlich schloss ich mich der (von meiner Mutter geleiteten) Theater-AG an, wo ich im Laufe der Jahre den Jimmy (im Musical Prairie-Saloon), den Chorführer (in der „Alkestis") und den Priamos (den ich in „Der Trojanische Krieg findet nicht statt") darstellte – Letzteren spielte ich als tattrigen, nur bedingt zurechnungsfähigen Greis. Ab der 10. und 11. Klasse (als wir in Mathematik Herrn H. hatten) bildete sich der Wunsch heraus, Mathematik zu studieren. Daran änderte sich auch im Leistungskurs (12. und 13. Klasse) nichts mehr (wir hatten dann Herrn P., der in seiner Ausbildung nie Wahrscheinlichkeitstheorie bzw. Stochastik gelernt hatte, und nun auch diesen Bereich abdecken musste) – einmal stellte er eine These auf, die ich für falsch hielt (wobei mich mein damaliger und heutiger Freund Daniel unterstützte), die Folge: Er fragte bei Herrn H. nach, der uns beiden Recht gab. Sehr hoch rechne ich es Herrn P. an, dass er in der folgenden Stunde seinen Fehler einräumte, ohne dass ein übler Nachgeschmack blieb. Das Schulsystem damals völlig anders als heute. Man wählte zwei angebotene Fächer als Leistungskurse (5 Stunden die Woche) und diverse Grundkurse (3 Stunden die Woche). Dabei galt: Deutsch und Mathematik mussten dabei sein, sowie eine Naturwissenschaft und Geschichte (+ je 1 Jahr Gemeinschaftskunde bzw. Erdkunde), außerdem musste Sport dabei sein, dazu zwei Halbjahre Musik oder Bildende Kunst. Im schriftlichen Abitur wurden die beiden Leistungskurse geprüft. Außerdem musste Geschichte dabei sein (als Geschichte+ wurde es bezeichnet, weil dazu noch Erdkunde oder Gemeinschaftskunde kam). Ich wählte Mathematik und Altgriechisch als Leistungskurse, Physik, Chemie, Latein, Musik, Geschichte und (katholische) Religionslehre sowie (zwangsweise) Sport (vgl. Kapitel 7) als Grundkurse. Kurz gesagt: Englisch und Biologie wählte ich ab. Es war witzig: Herr W., den wir in der 11. Klasse in Englisch hatten, war so überzeugt davon, dass ich Englisch wählen würde, dass er es kaum fassen konnte, als ich Englisch abwählte. In der 11 hatten wir ihn bekommen, um die 10 auszugleichen, als wir Englisch nur sehr eingeschränkt hatten – beim Langemax und Frau Schinkenspeck, wie wir sie nannten. Als Prüfungsfach wählte ich neben Mathematik und Altgriechisch noch Latein und Geschichte/ Gemeinschaftskunde. Um einen Leistungskurs Physik wählen zu können, besuchten 3 von uns den Leistungskurs Physik am HTG. Klassenverbände gab es nur bedingt in Deutsch. Witzig war es mitunter in Religion, als ein besonders frecher Mitschüler (mittlerweile ist er verstorben) im Unterricht lautstark sagte: „Finstere Anna, ich beschwöre die Mächte des Chaos auf dich herab!" Oder als Anna sich aus irgendeinem Grund furchtbar aufregte und mit dem Klassenbuch auf dem Tisch herumschlug, wobei sie „Gott verdeckel! Gott verdeckel!" schrie und er sie mahnend zurechtwies: „Aber, Frau G., doch nicht in Religion!" Der Deutschunterricht war entsetzlich langweilig, anstatt „Faust" mussten wir die „Iphigenie" lesen, Hausaufgaben erledigte ich grundsätzlich nur mündlich (d. h. gar nicht). Die Korrektur von Klausuren brauchte oftmals Tage, denn „ich konnte die Klausuren nicht korrigieren, ich musste in den Garten". Wir fragten uns dann schon, wofür sie eigentlich bezahlt wurde.

Als Priamos in „Der trojanische Krieg findet nicht statt"
von Jean Giraudoux

Kapitel 3:

Das Jahr der Hochs und Tiefs 1988/89

Das schriftliche Abitur fand dann im Januar 1988 statt. Dabei hatten wir in Altgriechisch einen Text von Platon zu übersetzen, über dessen Übersetzung selbst die Gräzisten uneinig waren. Ich glaube, die Fehler/Noten-Skala wurde damals angepasst. In der Interpretation war damals Homers „Odyssee" dran. Unser Lehrer (der kürzlich verstorben ist) empfahl uns dabei, keine Sekundärliteratur zu lesen, sondern lieber fünfmal die „Odyssee" selbst. Ich bezweifle, dass ihm dabei auch nur ein einziger gefolgt ist. Die Mathematik-Klausur bestand wie üblich aus einer anspruchsvollen Kurvendiskussion. An das Latein-Thema habe ich keine Erinnerung (ich vermute aber Seneca). Die Deutsch-Klausur mussten wir als normale Klausur mitschreiben. So war der erste Teil des Abiturs gelaufen und die lange Zeit des Wartens auf die Ergebnisse begann. Wir hofften, den Lehrern irgendetwas in Bezug auf die Ergebnisse entlocken zu können – doch vergeblich. Also warteten wir wie auf Godot. Das gesamte Schulhalbjahr 13,2 war dabei recht entspannt. Ich hatte einen Freundeskreis mit Uli, Daniel und Elmar. Oft trafen wir uns damals zum Skat. Wir hatten die Regel, dass jemand, der mehr als 1000 Miese hatte, beim nächsten Skatabend eine Flasche Sekt mitbringen musste. Einmal hatten wir sogar zwei zu trinken.

Im mündlichen Abitur am 3. Mai 1988 hatte ich dann meine Prüfung in Geschichte/Gemeinschaftskunde – bei Herrn S., der uns bestens vorbereitet hatte. Thema war der Marxismus – ich weiß nicht, was nach dessen Verschwinden an seine Stelle getreten ist. Herr S. sprach damals immer von „Marx und Murks". Meine Abiturnote stand damals schon vorher fest, ich musste nur noch anwesend sein. Aber das hätte ich Herrn S. nie und nimmer antun wollen, nicht zu erscheinen oder unvorbereitet zu sein. So erhielt ich auch in dieser Prüfung 15 P., womit ich die Gesamtpunktzahl von 886 von 900 möglichen und die Note 1,0 erhielt. Mit Preisen wurde ich geradezu überhäuft (Schulpreis, Altsprachlicher Preis der Stiftung „Humanismus heute", Sonderpreis Musik (vgl. Kapitel 8)). Eine Woche später machte ich auch den Führerschein (die theoretische Prüfung war eigentlich ein schlechter Witz, bei dem ich 0 Fehler machte, zur praktischen musste ich zweimal antreten – bei demselben Prüfer) – danach bin ich nicht öfter als 5 Male gefahren. Kurz nach der Prüfung ist mir jemand aufgefahren, stieg aus und forderte lautstark das Hinzuziehen der Polizei. Diese kam auch und verwarnte – ihn! (Wegen Fahrens mit zu geringem Abstand, soweit ich mich erinnere.) Danach ging es gleich weiter: Schon 1987 hatte ich am Wettbewerb „Alte Sprache"

Logo von „Humanismus heute"

der Stiftung „Humanismus heute" teilgenommen, war aber in der 2. Runde (Übersetzung aus dem Lateinischen) ausgeschieden. Diesmal übersetzte ich aus dem Altgriechischen und schaffte den

Sprung in die Finalrunde in Salem am Bodensee; dabei musste ich einen Vortrag mit antikem Inhalt und eine zugehörige Fragerunde vor einer Expertenjury der Stiftung bestehen. Zuerst ziemlich ratlos, riet mir Herr H. (der mich ja aus dem Unterricht bestens kannte) zu einem Vortrag über den griechischen Mathematiker Eudoxos von Knidos (liegt heute im äußersten Südwesten der Türkei). Dieser lebte im 4. Jahrhundert vor Christus und begründete die Proportionenlehre und die Exhaustionsmethode (war damit Vorläufer des Wurzelziehens). Wie üblich klopfte die Jury nach dem Vortrag Beifall, bei mir als einzigem nochmals nach der Fragerunde, was die anwesende Konkurrenz sogleich zu Gratulationen bewegte, ich hätte ja wohl gewonnen. Ich hatte und bekam ein Stipendium der „Studienstiftung des Deutschen Volkes".

Später wurde mein Vater Mitglied im Kuratorium von „Humanismus heute" und korrigierte vor allem in der ersten Runde eifrig mit. Ich half ihm dabei, korrigierte die Arbeiten vor und schlug die Benotung vor. Die endgültigen Noten meines Vaters differierten in der Regel um 1P.

Zwischendurch wusch ich, um die Finanzen etwas aufzubessern, im Bahnbetriebswerk Badischer Bahnhof Basel vier Wochen lang Züge. Ich entsorgte dabei massenweise liegen gebliebene Bild-Zeitungen und Zigarettenstummel. Am schlimmsten waren jeweils die Kabinen der Zugführer – sie waren so verrußt, dass man erst nach einigem intensiven Putzen die eigentliche Farbe (ein angenehmes Gelb) erkennen konnte.

Danach gab ich jede Menge Nachhilfe (Latein, Mathematik, Englisch), wobei ich bald zwei Gruppen feststellte: Der einen genügte es, aufmerksam zuzuhören und zu antworten, die andere hatte echte Lerndefizite und -lücken. Klar, dass die Nachhilfe der ersten Gruppe leichter war und schneller zu (teilweise erheblichen) Verbesserungen führte. Und das eine ganze Zeit, da ich erst am 1. Oktober zur Wehrpflicht nach Marburg an der Lahn einberufen wurde.

An so etwas wie die Wehrpflicht ist ja heute kaum mehr zu denken. Gegen Ende des Jahres – ich war damals nach Weingarten am Bodensee versetzt worden – bekam ich einen grippalen Infekt, der nicht weichen wollte. Über die Weihnachtstage hatte ich Urlaub. Mein früherer Hausarzt, Dr. B., nahm mir Blut ab und untersuchte mich mit der überraschenden Diagnose „Diabetes mellitus". Auch ein in Freiburg lehrender Endokrinologe (Prof. K.) bestätigte es später. Unklar war lange der Typ (für Typ 1 war ich eigentlich schon zu alt, für Typ 2 noch nicht alt genug). Schließlich fand er bei einem Bluttest Antikörper gegen die Insulin produzierenden Zellen. Damit war klar, dass ich ein Typ-1-Diabetiker bin. Beim Bund ging es natürlich langsamer. Zuerst gab es bei einem niedergelassenen Arzt einen Glucosetoleranztest (mit dem Urteil „sicher pathologisch"), doch das genügte der Bundeswehr nicht. Ich wurde eigens nach Ulm ins Bundeswehrkrankenhaus gefahren, wo sich Test und Diagnose wiederholten. Meine Wehrtauglichkeit hatte sich schlagartig auf „untauglich" reduziert. Also verlängerte sich die Wartezeit nochmals, denn das Studienfach „Wirtschaftsmathematik" (Hauptfach Mathematik, Nebenfächer BWL oder VWL und Angewandte Informatik) begann nur im Wintersemester. Im Februar 1990 hatte ich eine Sehnerventzündung links (es wurde damals sogar ein Neurologe hinzugezogen, der – nach seinen Worten zu schließen – wohl den Verdacht auf MS hatte, ihn aber nicht äußerte). Dabei ist eine solche Entzündung typisch für eine beginnende MS.

Kapitel 4:

Studium in Karlsruhe und Beginn der MS

Als Studienorte wurden mir München und (von Herrn H.) Karlsruhe empfohlen. München war schon damals eine teure Stadt, bezahlbare Wohnungen ein rarer Glückstreffer. Außerdem lag Karlsruhe deutlich näher an Lörrach, von Basel Badischem Bahnhof mit dem IC (den ICE gab es damals noch nicht) ohne Umzusteigen erreichbar. Zunächst gab es damals eine Orientierungsphase der Fachschaft (dem Gegenstück zur SMV der Schule). Das Grundstudium war stark strukturiert und vorgegeben. In den ersten 2 Semestern war Lineare Algebra vorgegeben. In den ersten drei Analysis, im dritten gab es Stochastik, im vierten Numerik. Dazu war ein Proseminar zu belegen, dass ich damals bei den Herren H. und S. über Nachrichtentheorie machte. Von beiden bekam ich damals auch ein Gutachten, das mir die endgültige Aufnahme in die Studienstiftung des Deutschen Volkes sicherte. Betreut wurden wir Wirtschaftsmathematiker damals von Prof. F., den ich gelegentlich aufsuchen musste (mein langjähriger Hausarzt Dr. S., der zuerst Mathematik zu studieren begonnen hatte, kannte ihn schon).

Der Anfang des Studiums war ein Schock. Zuerst zeigten wir, dass $1 > 0$ ist. Im weiteren ersten halben Analysis-Semester wiederholten wir den gesamten Schulstoff, der Rest war völlig neu. Und das Niveau stieg um mindestens vier Stufen. Dabei wurden die Analysis- und Lineare-Algebra-Vorlesungen doppelt gelesen, weil sie auch für die Informatik-Studenten verpflichtend waren. Ich erinnere mich noch gut, wie ich am ersten Freitagnachmittag, als ich nicht übers Wochenende nach Hause fahren wollte, in einer Lineare-Algebra-Übung saß, ich mir ernsthaft Gedanken darüber machte, alles hinzuschmeißen. Nun, es sollte anders kommen. Ich habe durchgehalten. Das Grundstudium habe ich wie vorgesehen in zwei Jahren absolviert (nach 6 Semestern ohne Vordiplom wäre ich zwangsexmatrikuliert worden). Es ging nicht allen so gut wie mir, die Abbrecherquote unter uns Mathematikern lag über 50 %. Ich aber hatte mein Vordiplom (das heutige amerikanisierte Bachelor/Master-System gab es damals noch nicht).

Mein Zimmer (das mir Bekannte vermittelt hatten – Herr G. und Herr L.) und in dem es im Sommer oft so brütend heiß war, dass ich ein Jahr in der Tat zum Schlafen in den Keller umgezogen bin, lag im Unitas-Haus (der Unitas-Verband ist der Dachverband der verschiedenen über ganz Deutschland verstreuten Unitas-Vereine, wie in Karlsruhe die Unitas Franco-Alemannia und die Unitas Pirminia) in der Eisenlohrstraße 23 (das umgebaute, ehemalige Privathaus des Architekten Hermann Billing). Anfangs fremdelte ich sehr, besuchte zwar sämtliche angebotenen Veranstaltungen, aber ohne innere Anteilnahme. Zwar wurde ich bald rezipiert, aber es bedurfte zweier intensiver und sehr offener Gespräche (im Rahmen der correctio fraterna), um mich auf das richtige Gleis zu heben. Danach war ich einer der aktivsten, habe bis auf den Fuxmajor (der für die neuen Mitglieder zuständige Bundesbruder (das ist die untereinander übliche Bezeichnung)) alle Chargen (Ämter) bekleidet (so war ich im WS 1991/2 Senior (quasi Vorsitzender) das hieß vor allem, Referenten für die beiden Vereinsfeste zu suchen – mein Onkel H. und Bbr. L. halfen mir aus der Klemme). 1992, als der Katholikentag in Karlsruhe stattfand, Senior für den Katholikentag (unter anderem im Vorbereitungsausschuss zusammen mit anderen katholischen Vereinen wie der Normannia (im CV) und der Laetitia (im KV) – der UV (Unitas-Verband stand bei den anderen damals für „unbekannt verzogen", mittlerweile gibt es auch gemeinsame Kneipen oder Kommerse). Damals wohnte ich noch während des ganzen Studiums in diesem Haus. Heutzutage gibt es eine Wohnzeitbeschränkung von 6 Semestern. Zurzeit ist die Personaldecke extrem dünn und damit der Verein in einer echten Krise. Im 2. Semester bewarb ich mich um die Mitgliedschaft im Universitätschor Karlsruhe (zu der Zeit wurde nur jeder Zweite genommen) und war dann einige Jahre Mitglied – wir sangen verschiedene Werke wie Händels Oratorium „Israel in Egypt", Beethovens „Freude schöner Götterfunken" (zusammen mit dem Universitätsorchester), Haydns Oratorium „Die Schöpfung", einen Hugo-Wolf-Abend. Nach einer größeren Meinungsverschiedenheit mit dem Chorleiter Herrn I. beendete ich meine Mitarbeit. Dafür trat ich dem Männervokalensemble „Kabinett" im 2. Tenor bei. Als Höhepunkt nahmen wir 1997 am Smetana-Wettbewerb in Litomysl (Tschechei) teil, bei dem wir zwei erste Preise bekamen.

Das Hauptstudium war dann sehr viel weniger geregelt. In reiner und angewandter Mathematik, und insgesamt musste jeweils eine Mindeststundenmenge erfüllt werden. Dazu kamen zwei Seminare, die ich beide bei Prof. K. absolvierte. Erst nach einem Jahr Hauptstudium tendierte ich eindeutig zur Angewandten Mathematik.

Mit der Familie ½ Jahr vor der Diagnose MS

Im Herbst 1993 hatte ich nicht zum ersten Mal Kribbelparästhesien in den Händen und Füßen – worauf mein damaliger Hausarzt mich sofort zum Neurologen Dr. S. schickte (dieser hatte damals eine junge Ärztin in der Praxis, die mich sofort in den Kernspintomographen schickte (nach vorangegangenem VEP). Der Radiologe meinte, er habe „etwas, was mit meinen Beschwerden korreliere", gefunden, die Diagnose aber überließ er den Neurologen. Die Ärztin musste mir die Diagnose MS eröffnen. Ich wusste zwar, dass es diese Krankheit gab, aber nicht, was sie bedeutete. Also war ich zuerst einmal froh, dass eine Ursache meiner Beschwerden gefunden war. Ich schlug im Lexikon nach und las „durchschnittliche Lebenserwartung nach Diagnosestellung 20 Jahre". Da war ich doch sehr geschockt, hatte doch mein eigenständiges Leben gerade erst begonnen. Auch von den 1000 Gesichtern der MS war keine Rede gewesen. Also sagte ich mir „erst einmal Ruhe bewahren und abwarten", und stürzte mich wieder in mein Studium.

Mittlerweile war ich wegen meiner sehr guten Numerik-Klausur auch Hiwi am Institut für Praktische Mathematik unter Prof. N. (der leider vor wenigen Tagen verstorben ist). Das hieß: Übungsblätter der Studenten korrigieren, aber es machte mir Spaß.

Die Nebenfächer absolvierte ich wie nebenbei. Im Bereich BWL (in dem ich beim „Rechnungswesen" im Vordiplom größere Probleme hatte, die Thematik war mir völlig fremd gewesen, aber es genügte) wählte ich den sehr mathematischen Bereich OR (der bei den angehenden Wirtschaftswissenschaftlern als „sehr schwer" verschrien war) mit Freude (und einer 1,0 – der Dozent war mit Herrn W. auch Mathematiker), in der Angewandten Informatik war ich wohl zu faul, es reichte nur zu einer 2,3. So standen mir noch die (mündlichen) Prüfungen in Reiner und Angewandter Mathematik bevor. Diese mussten innerhalb eines Jahres abgelegt werden. In Reiner Mathematik wählte ich die Fächer Funktionalanalysis, Topologie, Maß und Integral, sowie nichtlineare Funktionalanalysis bei den Professoren K. und V.; in Angewandter Mathematik Numerik II und III, spezielle Methoden der numerischen Linearen Algebra und Rechnerarithmetik bei den Professoren E. und K., womit ich mein Diplom mit der Gesamtnote „gut" erreicht hatte (die Diplomarbeit hatte ich auch bei Prof E. (Note 1,0) gemacht). Prof. N. liebte ausgedehnte Wanderungen (20 km). Bei einer dieser Wanderungen, zu der auch wir Hiwis eingeladen waren, kam es zu einem folgenreichen Gespräch mit ihm, in dem ich ihn fragte, wie es mit einer Promotion aussehe (die MS verschwieg ich lange Zeit, was sich im Nachhinein als schwerer Fehler erwiesen hat, als ich die Krankheit offenbarte, bin ich auf so viel Verständnis und Mitgefühl gestoßen). Er bot mir sofort ½ Stelle am Institut für Wissenschaftliches Rechnen und Mathematische Modellbildung (IWRMM) an, das er damals auch leitete und das eine Querstraße weiter als der Mathebau (der inzwischen wegen Asbest-Belastung abgerissen und neu gebaut worden ist) lag.

Kapitel 5:

Assistent in Karlsruhe

Nach dem Studium endete auch meine Wohnzeit im Unitas-Haus in Karlsruhe, gemeinsam mit Christian und Stefan beschlossen wir aber, eine Dreier-WG zu gründen. Auf der Suche nach einem geeigneten Haus wären wir um ein Haar in die Hände von Scientology geraten. Wir konnten es aber gerade noch rechtzeitig stoppen. Diese „Kirche" hatte einen Ableger „MietExpress" in Karlsruhe, wie wir in einem Vortrag des stellvertretenden Polizeipräsidenten der Stadt erfuhren.

Meine Eltern bei mir zu Besuch in Knielingen

Schließlich setzten wir eine Anzeige im „Konradsblatt" (Bistumsblatt des Erzbistums Freiburg) auf und bekamen in der Tat eine Wohnung im Karlsruher Stadtteil Knielingen für 1100 DM warm angeboten, die wir anschauten und sofort zusagten. Die Miete blieb übrigens die ganze Zeit über gleich. Stefan übernahm freiwillig das kleinste Zimmer, Christian und ich losten um das Balkonzimmer. Ich hatte Glück (klar, dass wir unter uns die Miete nach Zimmergröße differenzierten).

War ich bislang privat über die Eltern krankenversichert, musste ich mich nun selbst versichern. Ein Kollege riet mir: „Da kommt nur die TK in Frage." Also fragte ich dort nach, denn damals musste man noch einem technischen Beruf nachgehen. Ich forschte in einem technischen Bereich. Also nahm man mich, was ich bis heute nie bereut habe.

Einmal klingelte die Polizei bei uns in Knielingen, sie war auf der Suche nach Herrn A., der unser Nachbar war. Wir konnten ihnen aber nicht wirklich helfen, nur erzählen, dass dieser Herr einmal, nur äußerst leicht bekleidet, Mädchenbesuch empfing.

Am 1. Juli 1996 wurde die umstrittene Rechtschreibreform eingeführt (die später zum Teil wieder rückgängig gemacht wurde). Ich fragte Prof N., ob ich sie jetzt umsetzen müsse. Die Antwort: „Machen Sie's, wie Sie wollen." Ich setzte sie dann um, was nun wieder die Studenten irritierte, die mich sicherheitshalber fragten, ob ich denn nach der neuen Rechtschreibung schriebe.

Meine mathematischen Forschungen waren mittlerweile in eine Sackgasse geraten, sodass Prof. N. (unter uns Assistenten hieß er nur „der Chef") zu einem Themenwechsel riet. Ich war sehr erleichtert, mein Zimmer wurde in den Mathebau verlegt. Nun befasste ich mich mit einem langen Zeitschriftenartikel, in dem das SOR-Verfahren nicht auf $0 < \omega < 2$ beschränkt war, sondern alle reellen Zahlen (sogar negative) für diesen Parameter zuließ (bei anschließendem Bearbeiten der Lösung). Meine Aufgabe war nun, dies für periodische Markov-Ketten umzusetzen.

In unserer WG hatte Stefan sein Studium beendet (er arbeitet heute beim Europäischen Patentamt in München). Christian und ich beschlossen als 2er WG weiterzumachen (Stefans Miete wurde zwischen uns geteilt). Das funktionierte auch sehr gut. Einmal rettete er mir sogar das Leben. Ich hatte am Abend (ohne es zu merken) einen viel zu niedrigen Zuckerwert und bin wohl ins diabetische Koma gefallen; dabei schlug ich derart um mich, dass er das Rote Kreuz rief und gleich auf meinen Diabetes hinwies. Man ermittelte zuerst den Zuckerwert (und kam gerade einmal auf 16 mg/dl – normal wären zu dieser Zeit etwa 130 mg/dl gewesen!) und schaffte mich ins Städtische Krankenhaus, wo man einen misslungenen Suizidversuch vermutete. Das war es jedenfalls definitiv nicht, auch wenn ein solcher bei der Diagnose MS durchaus nicht selten vorkommt (religiöse Hemmungen hatte ich nicht – vgl. Kapitel 9).

Ich schrieb die Arbeit, die von den Referenten, dem Chef und Prof. S., beurteilt wurde, und bereitete mich auf das Promotionskolloquium vor. Damals war es in der Karlsruher Mathematik üblich, per Kolloquium zu promovieren, nicht per Rigorosum. Dabei bestand das Kolloquium (es fand, wie ich mit dem damaligen Dekan, Prof. H., vereinbart hatte am 8.12.1999 um 15 Uhr statt – der Familie hatte ich den Termin verschwiegen, da ich ohnehin nervös genug war). Das Kolloquium bestand unter Vorsitz des Dekans aus drei Teilen:

1) Ich musste in einem 20-minütigen Vortrag die Ergebnisse der Arbeit vorstellen.
2) Die Referenten befragten mich zu abgesprochenen Themenbereichen der Numerik.
3) Alle Anwesenden konnten mich allgemein zu mathematischen Themen aller Art befragen.

Dabei war natürlich der letzte Teil der unberechenbarste. Das war unter uns Numerik-Promovierenden ein Alptraum, dass der Algebraiker S. dasein und Fragen über Galois-Theorie stellen könnte.

Mein Doktorvater Prof. N. und der Korreferent Prof. S.
mit mir nach erfolgreicher Doktorprüfung

Bei mir waren zum Glück nur wenige gekommen. Prof. S. fehlte, wie ich erleichtert zur Kenntnis nahm. Dabei hatte mich Prof. K. (vgl. auch Kapitel 4) gleich mit seiner Frage nach dem „Satz vom Wetter" aus dem Konzept gebracht. Diesen Satz kannte ich nicht, hatte auch nie von ihm gehört. Auch ausführliche Recherchen brachten mich nicht weiter, also vermute ich, dass er eine reine Erfindung von Prof. K. ist und war. Jedenfalls wurde die Promotion „cum laude" bewertet. Dass ich nach diesem Erlebnis und der großen Erleichterung einen heftigen MS-Schub bekam, war dann eigentlich fast zu erwarten. Zur Reha schickte mich Dr. S. in die Schmieder-Klinik nach Konstanz. Das Äußere war sehr schön, wunderbar am Bodensee gelegen. Aber das Essen bekam mir nicht, man hatte mich auf Vollwerternährung gesetzt, die mein Darm mit heftigen Blähungen quittierte. Es dauerte lange, bis man sich meiner erbarmte. Die Krankengymnastik war mäßig und zu wenig auf den Patienten abgestellt. Sehr gut dagegen war die Ergotherapie, die mir auch mittelfristig Nutzen brachte. Die Psychologin merkte schnell, dass ihre eigentliche Arbeit der

Jesuitenpater Gaupp in Karlsruhe (vgl. Kapitel 9) bereits erledigt hatte (nämlich die innere Akzeptanz der MS). Unmittelbar nach der Rückkehr nach Karlsruhe bekam ich sofort den nächsten Schub – eigentlich auch erwartbar, da mein Vertrag an der Uni am 31.12.2000 endete. Es war völlig unklar, wie es weitergehen würde, zumal immer mehr Symptome der MS dauerhaft blieben. Also fasste ich den Entschluss, wieder zu meinen Eltern zu ziehen (zumal wir zu diesem Zeitpunkt auch unseren Mietvertrag in Karlsruhe gekündigt hatten). Ich fragte den Neurologen Dr. S., zu wem ich dann in Zukunft gehen sollte. Er überlegte lange, bis ich nachschob, ich könne auch nach Basel gehen (damals konnte man noch zu bezahlbaren Preisen zu Behandlungen nach Basel gehen, es gab ein grenzüberschreitendes Abkommen, das dies ermöglichte, mittlerweile geht das nur noch im Rahmen der EU). Da ging ein Strahlen über sein Gesicht und er meinte: „Da ist ja der Professor K.; dann gehen Sie da hin." Bereut habe ich diesen Schritt nie (noch heute werde ich – natürlich umsonst – zur Studienteilnahme in Basel nachgefragt).

Kapitel 6:

Arbeitslos und diverse Beschäftigungen

Bereits im Dezember 1999 hatte ich mich beim Arbeitsamt Karlsruhe als Arbeitsuchender ab 1.1.2001 gemeldet. Kurz darauf wurde mir auch eine Stelle angeboten, die mich sogar interessiert hätte (in einer Klinikverwaltung). Andererseits war die Wohnung gekündigt, und allein hätte ich sie mir ohnehin nicht mehr leisten können. Ich sah mich in Karlsruhe nach einer Einzimmerwohnung im Erdgeschoss und mit nahe gelegenem Straßenbahnanschluss (beides wegen der MS zwingend notwendig) um. Das Ergebnis war ernüchternd: Ich fand nichts, was alle Bedingungen erfüllte. Also blieb es bei der Rückkehr ins Elternhaus nach Lörrach. Ende des Jahres zog ich mit Mi-Das tatkräftiger Hilfe wieder in die Holzgasse nach Lörrach. Im gesamten folgenden Jahr bekam ich vom dortigen Arbeitsamt nicht eine einzige Stelle angeboten, musste nur zu einem „Beratungstermin" mit viel unnötigem Gequassel erscheinen. Auch meine Eigeninitiative war mäßig. Zu sehr hatten mir die beiden Schübe 2000 zugesetzt. Als Therapie setzte ich fort, was man mir zuletzt in Karlsruhe gegeben hatte: Azathioprin und Betaferon. Mühsam fand ich mich mit meinem neuen Leben zurecht.

Meine Mutter leitete damals den Lörracher Ableger des Katholischen Akademikerverbands (als Protestantin!) und bat mich, über einen Vortrag einen Zeitungsartikel zu schreiben, der auch in der Oberbadischen erschien (hieß damals noch OV für Oberbadisches Volksblatt). Die OV-Redaktion bat mich, über einen Liederabend eines „im Haus sehr beliebten" Tenors (wie man mich vielsagend beauftragte) zu berichten. Auch dieses tat ich und der Artikel erschien. Umgehend rief mich mein Schulfreund Daniel an und warb mich als freien Mitarbeiter für die Badische Zeitung (BZ) ab. Von da an schrieb ich regelmäßig Kritiken lokaler klassischer Konzerte für die BZ, wobei nur die Vorgabe, bei hiesigen Musikern „wohlwollend berichten" bestand. Mal fiel das Wohlwollen leichter, mal schwerer. Jedenfalls tat ich dies, bis die BZ die lokale Kulturseite (wohl aus Kostengründen) einstellte. Spätestens während der Corona-Pandemie wäre wahrscheinlich sowieso Schluss gewesen. Es war jedenfalls eine lehrreiche und abwechslungsreiche Zeit. Dankenswerterweise fuhr mich meine Mutter jeweils zu den Konzerten (nach Efringen-Kirchen, Kandern, Riehen, Ötlingen ...). Ich lernte, Negatives zu umschreiben, dass es auf den ersten Blick positiv klang, Steigerungen klar in Worte zu fassen und vieles mehr.

Grübeln über einen Artikel

Eine zweite Beschäftigung nahm mich seit Sommer 2001 sehr gefangen. Die Kirchenchöre von St. Fridolin und St. Bonifatius waren ohne Leitung, da sollte ich diese interimsweise übernehmen, bis die Kirchenmusiker-Stelle wieder besetzt war, also 3-4 Wochen, wie Pfarrer I. meinte. Es meldete sich aber niemand auf die Stelle. Eine große Hilfe war mir dabei Frau M., die alle von mir geleiteten Proben am Klavier begleitete.

Die zweite Probe, die ich nach der Sommerpause leitete, war dann ausgerechnet am 11.9.2001 (also jenem Tag, als von Osama bin Laden finanzierte Terroristen gekaperte Flugzeuge direkt in das World Trade Center und das Pentagon steuerten). Ich sah die Bilder damals live im Fernseher und war schlichtweg schockiert. Klar, dass ich da am Abend keine „normale" Singstunde halten konnte. Lange überlegte ich, was ich tun könnte. Zu Beginn der Probe ließ ich dann die Noten von Felix Mendelssohn-Bartholdys Chorsatz „Wie selig sind die Toten, die in dem Herrn entschlafen" verteilen, und wir sangen ihn am Anfang (es war das einzige Mal, dass ich im Stehen dirigierte, sonst habe ich dabei immer gesessen). Danach ging die Probe wie ursprünglich geplant weiter. Es fiel mir aber körperlich immer schwerer. Zwar wurde ich (vorbildlich!) immer abgeholt und zurückgebracht (Herr B., R., W., Frau G.), aber die MS schritt immer weiter voran. Immer mehr machte mir vor allem die Fatigue zu schaffen, Professor K. meinte, dass die chronisch-progrediente Phase begonnen hatte. 2006 legte ich die Chorleitung nieder, nachdem mit Frau J. eine gute Nachfolgerin gefunden war. In der Nachfolge von Herrn R. (St. Bonifatius) stehend, untermalten wir (wechselweise in St. Bonifatius und St. Fridolin) die Hochämter (v. a. Weihnachten, Ostern) musikalisch (Messen von Schubert, Mozart, Diabelli, Gounod), dazu verschiedene Chorsätze, unter anderem das „Pater noster" von Rimskij-Korsakow, das „Locus iste" von Anton Bruckner und (am Karfreitag) „O Traurigkeit, o Herzeleid" von Franz Liszt.

Mit Freunden unterwegs

Die MS meldete sich immer wieder (vor allem das Uhthoff-Phänomen im Sommer). Spätestens 2017 lebte ich länger mit als ohne MS. Die Medikation wechselte out of label zu Rituximab, schließlich zu Mayzent, was Dr. W. Anfang dieses Jahres einführte. Dieses Jahr wurde bei mir überdies (rückwirkend ab 1.2.2023) Pflegegrad 4 festgestellt. Zudem wurde mir wegen starker Harninkontinenz (Dr. G. sagte mir „für einen Katheder ist es noch nicht schlimm genug") von Dr. S. ein suprapubischer Katheder gelegt, dessen Vorteile ich mehr und mehr zu schätzen lerne.

Kapitel 7:

Sport

Obwohl mein Vater Sport studiert hatte, war Sport nie meine Leidenschaft. Ganz im Gegenteil: Zwar hatte ich in der Grundschule bei „Jugend trainiert für Olympia" einmal eine Siegerurkunde bekommen (wann und wie ist mir heute völlig unklar und das war somit der größte Erfolg). Dass ich eine Phobie vor Schwimmen hatte, lag wohl auch an meiner Tante I., die mich beim Sprung ins Wasser aufzufangen versprach, dann aber doch verfehlte. Meine Mutter klärte die Schwimmlehrer immer rechtzeitig über diese Vorgeschichte auf. Aber auch in den anderen Sportarten war ich eine richtige Niete. Am schlimmsten empfand ich Geräteturnen. Basketball und Fußball gingen noch, weil meine Mannschaft mich in der Regel weitgehend außen vorließ. Dabei schaute ich Fußball im Fernsehen ausgesprochen gerne (damals gab es auch die Unart noch nicht, Spiele erst um 20:45 Uhr oder gar um 21:00 Uhr anzupfeifen). Die Sportschau am Samstagabend war geradezu heilig. Dabei entwickelte sich schon recht früh eine gewisse Abscheu gegen den FC Bayern München. München als Stadt war ja ganz OK, aber nicht die Bayern. Noch heute gebe ich, wenn die Bayern verlieren, allen Anwesenden einen Cointreau aus. In meiner Zeit als Assistent in Karlsruhe hatte ich einen glühenden Bayern-Fan und einen Bayern-Hasser als Kollegen. Ich stand dann quasi als Fast-Neutraler dazwischen. Uli Hoeneß (der damalige Manager der Bayern) war für den einen geradezu genial, für den anderen kaufte er mit dem vielen Geld, das die Bayern immer hatten, den anderen Mannschaften die guten Spieler weg, dazu auch noch den Schiedsrichter, um für die Bayern zu pfeifen. Beim gemeinsamen Gang zum Mittagessen in der Mensa gab es oft genug heiße Diskussionen um das Thema. Ein Detail (kein Sportlehrer hat jemals verhindert, dass ich einen Schulpreis bekam – trotz meiner mäßigen Leistungen) will ich aber doch noch erwähnen: Beim Korbleger im Basketball bekam ich bei einem der strengsten Lehrer (privat, wie ich später bemerkte, eine Seele von Mensch) eine 1. Zu gut waren Rhythmus und Trefferquote.

Kapitel 8:

Musik

Die Musik bildete quasi das Gegenteil zum Sport. Ich liebte sie und sie ist immer noch regelmäßiger Bestandteil meines Lebens. Wie bereits in Kapitel 1 erwähnt, lernte ich zunächst Blockflöte und Klavier. Dies aber nur am Anfang bei Herrn F., ich wechselte schnell an die Städtische Musikschule Lörrach zu Herrn W. (ein sympathischer Elsässer, der viel verlangte, aber auch viel an Wissen weitergab). So lernte ich einiges über die verschiedenen Stile, Barock stand nicht mehr ausschließlich im Mittelpunkt. Einen großen Stellenwert nahm zum Beispiel Bela Bartoks mehrbändiges Werk „Mikrokosmos" ein. Dieses wurde von Band zu Band schwieriger, also für mich geradezu ein ideales Lehrwerk. Nur Musiktheorie lernte ich leider nicht, habe sie mir mit Hilfe von Büchern selbst angeeignet. Im Gymnasium gab es zu meiner Zeit überhaupt nur einen Musiklehrer, Herrn B., dem sein zunehmender Alkoholkonsum immer mehr zu schaffen machte (wie auch seinen beiden Brüdern). Es war fast schon überraschend, dass er unfallfrei blieb. Gelegentlich verschwand er während des Unterrichts im Nebenraum des Musiksaals, um sich dort – wie wir vermuteten – einen Schluck aus der Flasche zu genehmigen. Damals begann – Anfang 1983 wurde sein Jahrhundertring im Fernsehen gezeigt, in der Inszenierung von Patrice Chéreau mit Pierre Boulez am Pult – meine Verehrung von Richard Wagner (dessen Antisemitismus ich immer abstoßend fand und nicht verstand) und seiner Musik. Anfangs irritierte mich am Chéreau-Ring so manches, aber mit zunehmendem Alter überzeugte mich diese geniale Inszenierung mehr und mehr. Insbesondere überzeugten mich Heinz Zedniks Loge und Mime, Donald McIntyres Wotan und Wanderer und die Brünnhilde von Gwyneth Jones. Da war von der Regie jede Aktion durchdacht, man merkte, dass Chéreau das Libretto ganz genau verstanden und umgesetzt hatte.

Von meiner Tante I. bekam ich nach und nach den Ring auch auf Schallplatte mit Marek Janowski am Pult, Theo Adam als Wotan/Wanderer, Peter Schreier als Loge/Mime und Jeannine Altmeyer als Brünnhilde, die ich oft begeistert anhörte. Lohengrin war dann der zweite Schritt, alle anderen (vor allem natürlich Tristan und Isolde) kamen später dazu.

So ausgerüstet bot ich bei den Projekttagen 1987 ein Projekt „Richard Wagner" an, für das sich immerhin 3 Interessenten fanden, so dass es stattfinden konnte. Im Musikunterricht hielt ich auch einen Vortrag über ihn, so ähnlich bei einer Weihnachtsfeier am Institut für Praktische Mathematik und bei einem Festvortrag bei einem der Vereinsfeste der Karlsruher Unitas (vgl. Kapitel 5).

Im Klavierunterricht bekam ich nach Herrn W. Herrn B., der darauf bestand, dass ich alle Werke auswendig lernte. Ich sah damals dafür keinen Grund, so dass in der Entwicklung Stillstand herrschte. Ich beendete den Klavierunterricht.

Mehr und mehr begeisterte ich mich für das Singen (heute fehlt mir – wohl durch die MS – die Kraft für eine saubere Intonation). Ich lieh und kopierte mir die ganzen Wagner-Klavierauszüge. Ich versuchte mich an manchen Rollen (Rienzis Gebet genauso wie Waltrautes Erzählung). Als Vokalensemble des Hebel-Gymnasiums traten Elke, Wiebke, Ansgar und ich bei einem Gesangsevent im Rosenfelspark auf (mit Bild in der Zeitung) auf. Schon in der zehnten Klasse war ich dem Kirchenchor St. Bonifatius unter Leitung von Herrn R. beigetreten, der mir sogar das kleine Tenor-Solo in der Pastoralmesse in F von Antonio Diabelli anvertraute. Daraufhin übergab mir Herr B. in St. Fridolin den Part des Pilatus in der Johannes-Passion von Heinrich Schütz. Als beide Kirchenchöre 2001 ohne Leitung waren, übernahm ich interimsweise die Leitung des nunmehr gemeinsamen Chores (dieses Intermezzo sollte dann 6 Jahre dauern, bis ich es wegen der MS beenden musste). Anfangs sang ich (eigentlich Bariton) Tenor, dann zunehmend Bass. Im Gesangsunterricht bei Frau L., die im vergangenen Jahr verstorben ist, sang ich Tenor (Früher war bei mir beim G Schluss, heute schon beim C).

Das Festspielhaus in Bayreuth

Als Fan der Wagnerschen Musik musste dann irgendwann Bayreuth kommen. Schon 1988 erhielt ich über Bekannte für DM 70 eine der eigentlich unverkäuflichen Karten für die Götterdämmerungs-Generalprobe in der Regie von Harry K. mit Daniel B. am Pult. Wegen der langen Wartezeiten (damals gut 6 Jahre) bestellte damals die ganze Familie gesondert, meine Schwester, die damals in Kiel wohnte, bekam einen großen Schrecken, als sie Karten für Jürgen Flimms gesamten Ring bekam. Natürlich übernahm ich gerne (damals war ich schon gehbehindert und konnte die Galerie nicht mehr erreichen, aber der Hausmeister fand eine praktikable Lösung: Ich saß vorne, konnte zwar nicht die ganze Bühne sehen, aber gut hören). Danach saß ich immer im Rollstuhl. Meine Mutter begleitete mich, mein Vater hatte (wie bei Wagner üblich) viel Zeit zum Lesen. Wir sahen „Der Fliegende Holländer", Lohengrin, und insgesamt dreimal „Tristan und Isolde": Den von Heiner M. mit Daniel B. am Pult zweimal, zuletzt den von Christoph M. (nun ja …) Spätestens seit Katharina Wagner die Festspielleitung übernommen hat, war für mich Bayreuth kein Thema mehr. Offenbar sehen das viele ähnlich Karten gibt es bis kurz vor den Festspielen, Zertrümmerern wie Frank C. wird der Ring anvertraut (laut Kritikern „einfach nur langweilig") – und das beim vor Spannung so knisternden 1. Walküre-Aufzug. So bin ich lieber zu DVDs übergegangen.

Voriges Bild: mit dem Männervokalensemble „Kabinett"
beim Smetana-Wettbewerb in Litomysl, Tschechei (4. von links)

Kapitel 9:

Religion und Glaube

Getauft bin ich katholisch, diese Entscheidung trafen meine (gemischt konfessionellen) Eltern gemeinsam; die katholische Kirche muss dabei eine durchaus gemischte Rolle gespielt haben. Als Kind lernte ich, dass es einen lieben Gott gibt, der im Himmel wohnt und alles geschaffen hat. Mit diesem Glauben ging ich auch in der dritten Klasse bei Pfarrer H. in Steinen-Höllstein zur Erstkommunion. Er fragte jeden Wochenbeginn in der Klasse nach, wer von uns denn am Wochenende in der Heiligen Messe war. Zu der Zeit stand an der Seite des Weges nur eine verfallene Fabrik, heute stehen statt derer riesige Einkaufszentren.

Wir wohnten aber schon in Lörrach, als die Firmung in St. Bonifatius bei Pfarrer E. anstand. Zuvor wurde man zur Vorbereitung in Firmgruppen eingeteilt, ich gehörte zur Gruppe von Frau S., die uns auch Jesus Christus nahebrachte, der Heilige Geist indes blieb nebulös. (Daran waren die Geistlichen nicht unschuldig – der eine sagte „Wenn es kribbelt, ist es der Heilige Geist", der andere sexualisierte ihn, indem er von „die Heilige Geist" sprach.) Kurz zur Religion am Gymnasium (vgl. auch Kapitel 2): Sie war (geschuldet auch einem katastrophalen Lehrplan) derart schlecht, dass ich in der Tat kurz vor einem möglichen Austritt stand. 2 Jahre hatten wir dann bei Pfarrer E. (später dann Dekan) Religion, lasen und besprachen das Buch Hiob, von Austritt war keine Rede mehr.

Obwohl ich während des Studiums Mitglied eines katholischen Studentenvereins war, blieben Religion und Glaube eher lau (auch wenn ich am Bibelkreis teilnahm, bei dem es zuletzt fast immer um die Geistesgaben – insbesondere um die so genannte Zungensprache – ging). Das änderte sich grundlegend, als ich kurz vor Studienende eher zufällig in die (damals noch nicht umgebaute – sprich verschandelte) Kirche St. Stephan ging (also in die katholische Stadtkirche). Ein mir bis dato unbekannter Geistlicher hielt die Messe. Er kam zur Predigt, die er wie immer frei hielt, und hatte mich mit dem, was und wie er es sagte, innerhalb kürzester Zeit gefangen. Niemals im Leben habe ich Gott so groß gedacht. Immer kleiner wurde ich und unbegreifbarer seine Liebe zu uns unbedeutenden Menschen. Hinterher traf ich zufällig einen Bundesbruder, der mich fragte, ob ich auch die Predigt von Pater Otto Gaupp SJ genossen hätte, was ich nur aus tiefster Seele bejahen konnte. Auch später von Knielingen aus besuchte ich regelmäßig seine Messen. Ich war damals sehr dankbar dafür, dass der Heimweg recht lange dauerte, Stoff genug, um intensiv darüber nachzudenken, gab es immer reichlich. Einmal kam er auf das Thema Suizid zu sprechen (durch die MS ein durchaus öfter wiederkehrendes Thema). Mit seiner Aussage „Gott ist so groß, warum sollte er eine solche Tat nicht verzeihen können?" rettete er mir mehr als einmal das Leben. Leider verstarb er nach einem Schlaganfall 1998. Ihm sei diese Schrift in nie enden wollender Dankbarkeit gewidmet.

Anhang

Zunächst danke ich meinen Eltern, die mich aufgezogen und immer unterstützt haben. Mein innig geliebter Vater (Typ-2-Diabetiker) war zuletzt wegen seines schwachen Herzens mehrfach im Krankenhaus. Nach seinem letzten Aufenthalt durften wir ihn noch 4 Wochen zu Hause pflegen. Nachdem seine Schmerzen behoben waren, ist er ausgerechnet an seinem Namenstag nachmittags sanft eingeschlafen.

Desgleichen danke ich meinen Paten Tante I. (die mit uns die Karl-May-Festspiele in Elspe besucht hat) und Onkel H. (der mir auch bei der Firmung hilfreich zur Seite stand und in meinem Unitas-Seniorat als Referent aushalf) und Tante D., der es auch nicht wirklich gut geht.

Sowie allen, die mir in Freundschaft begegneten und die ich hier gar nicht alle aufzählen kann.

Der Autor

Grischa Markus Freimann wurde 1969 in Freiburg im Breisgau geboren. Nach dem Besuch der
Grundschule in Freiburg-Kappel und Steinen wechselte er ans Hebel-Gymnasium, an dem er 1988
das Abitur ablegte.

Nach einem etwas seltsamen Ausbruch eines
Typ-1-Diabetes 1988 nahm er leicht eingeschränkt
das Studium der Wirtschaftsmathematik auf,
das er 1994 abschloss. 1993 wurde nach einigen
unerklärlichen Krankheitszeichen bei ihm MS diagnostiziert. Selbstverständlich prägte die Krankheit
sein Leben, doch 1999 promovierte er trotzdem
mit einer Arbeit über das Verfahren der sukzessi-
ven Überrelaxation bei periodischen Markov-Ketten an der Universität Karlsruhe zum Dr. rer. nat.
Es folgten Tätigkeiten als Chorleiter und Kritiker
lokaler Konzerte für die Badische Zeitung Lörrach.